RAPPORT

A M. DE SALVANDY, MINISTRE DE L'INSTRUCTION PUBLIQUE,

SUR LA MONOGRAPHIE

DE LA

CATHÉDRALE DE CHARTRES,

PAR M. DIDRON,

SECRÉTAIRE DU COMITÉ HISTORIQUE DES ARTS ET MONUMENS.

PARIS,

IMPRIMERIE ADMINISTRATIVE DE PAUL DUPONT ET Cie,
Rue de Grenelle-Saint-Honoré, N° 55.

1839.

DU COMITÉ HISTORIQUE

DES ARTS ET MONUMENS.

Au ministère de l'instruction publique siége une commission archéologique qui prend le nom de Comité des arts et monumens; qui a été créée en 183. par M. Guizot et organisée en 1837 par M. de Salvandy; qui est présidée par M. de Gasparin, pair de France, ancien ministre de l'intérieur; qui se compose des notabilités archéologiques de Paris; dont la principale mission est de cataloguer tous les édifices religieux, civils, militaires de la France et de dresser un cadastre monumental.

Le 31 décembre 1838, M. le ministre de l'instruction publique adressa au roi un rapport sur le budget général de son ministère. Dans ce rapport, M. de Salvandy s'exprime en ces termes au sujet du comité :

« Le Comité des arts et monumens a poursuivi ses tra-
« vaux avec un zèle particulier. Préoccupé de la pensée
« de sauver d'une destruction entière ce qui nous reste
« de monumens intacts ou de ruines appartenant à l'ar-
« chitecture nationale, il s'est proposé de faire des statis-

« tiques de tous les monumens et des monographies des
« plus importans. Par ce double moyen, il a espéré dé-
« rober au temps et aux chances d'accident ces nobles re-
« liques du génie français ; et, en même temps qu'il con-
« servera les formes et les proportions par le dessin, ses
« monographies doivent apprendre aux plus ignorans à
« les respecter. Il se prépare, en ce moment, d'excellens
« travaux dans les deux genres qui ont été confiés à des
« mains habiles. J'ai voulu moi-même, sire, y prendre
« part, et je me suis chargé d'écrire l'histoire de la cathé-
« drale de Chartres.

« C'est encore dans cette pensée de conservation que le
« Comité n'a pas voulu attendre que les instructions dé-
« taillées qu'il prépare pour tous les départemens fussent
« entièrement terminées, et qu'il a rédigé provisoirement
« une sorte de formulaire archéologique, à l'aide duquel
« il pourra être fait immédiatement une reconnaissance
« superficielle de tous les monumens de la France. Ce for-
« mulaire, qui comprend une série de questions très suc-
« cinctes et très précises sur les antiquités gauloises, ro-
« maines et du moyen âge, sera tiré à trente-six mille
« exemplaires, nombre égal au nombre des communes de
« France ; quatre mille exemplaires ont été imprimés et
« envoyés comme essai, dans plusieurs départemens, aux
« correspondans du ministère, et, par l'entremise de
« MM. les recteurs, aux inspecteurs des écoles primaires
« que leurs fonctions appellent dans toutes les com-
« munes.

« L'histoire de la musique n'a pas été oubliée par le Co-
« mité ; des instructions rédigées à ce sujet vont mettre
« les correspondans sur la trace de ce qu'il peut exister de
« manuscrits relatifs à cette matière.

« Le Comité des arts et monumens, sire, mérite cet

« éloge que je me plais à lui donner, qu'en même temps
« qu'il s'est occupé avec ardeur de rechercher les moyens
« de faire connaître tous les monumens, il a, en plusieurs
« circonstances, donné des avis qui ont appris à les res-
« pecter. L'art national sera redevable à son intervention
« de quelques soins de plus apportés, soit par les autori-
« tés locales, soit par les architectes des départemens,
« à la restauration ou à la conservation des monumens
« précieux. »

Des travaux entrepris par le Comité, la monographie
de la cathédrale de Chartres est l'un des plus importans.
Quatre personnes concourent à élever ce monument archéologique : M. Lassus, architecte, fera tous les dessins
d'architecture et d'ornementation, lèvera les plans, donnera les coupes et les élévations; M. Amaury-Duval, peintre, dessinera toute la statuaire; M. de Salvandy s'est réservé d'écrire l'histoire de la cathédrale, de raconter sa
fondation, ses vicissitudes, la vie des personnages qui
l'ont habitée, pour ainsi dire, celle des évêques qui l'ont
ornée, agrandie, modifiée, en un mot, de faire toute l'histoire de son passé; M. Didron a été chargé de faire la description du monument, de raconter son état actuel, de
dessiner, par la parole, toutes les pierres l'une après
l'autre, toutes les statues, toutes les figures peintes sur
verre ou sur mur, toutes les formes variées que la sculpture imprime aux divers métaux en leur donnant un
caractère et un style qui accusent une époque, un siècle,
une année.

Le travail graphique se poursuit avec activité depuis
deux ans; la description est commencée de l'année dernière. Les fonds très limités du Comité des arts ne per-
mettent pas d'aller aussi vite qu'il faudrait; et les Cham-
bres, pour qui cette colossale monographie doit avoir

une tournure toute nationale, devraient appliquer un crédit spécial à ce travail archéologique. En trois ou quatre ans, tout serait terminé; et le comité, dégrevé des frais considérables qu'il est obligé de faire, poursuivrait ses autres travaux avec plus d'ensemble et d'activité.

Avant de publier la première partie de sa description, l'antiquaire, chargé de ce travail, adressa le rapport suivant à M. le ministre de l'instruction publique, sur l'ensemble de la cathédrale de Chartres, et en particulier sur la statuaire allégorique et historique qui la décore.

RAPPORT

A M. DE SALVANDY, MINISTRE DE L'INSTRUCTION PUBLIQUE,

SUR LA MONOGRAPHIE

DE LA

CATHÉDRALE DE CHARTRES,

Monsieur le Ministre,

Par un arrêté du mois de juillet dernier, vous m'avez confié la description de la cathédrale de Chartres ; car vous désirez qu'un texte accompagne les dessins de M. Lassus, architecte, et de M. Amaury-Duval, peintre, chargés de la partie graphique du travail historique que vous faites exécuter sous la direction du Comité des arts et monumens. Vous voulez qu'une légende serve d'explication aux tableaux.

Mon travail, à l'image de la cathédrale même, se divise en trois parties distinctes : en description de l'architecture, de la sculpture et de la peinture. La description de l'architecture formera un volume, celle de la sculpture un volume, celle de la peinture un volume ; tous trois in-4°, dans le format des publications historiques de votre ministère. Ces trois volumes paraissent nécessaires pour que cette monographie, à laquelle vous attachez avec raison une haute importance, soit réellement profitable aux études archéologiques ; pour qu'elle soit un travail modèle, un canon régulateur des autres monographies que vous vous proposez de faire exécuter par toute la France sous les yeux du Comité historique des arts et monumens ; pour que rien ne passe sans le signaler, le décrire et l'expliquer. Il y a en effet deux cathédrales à décrire : l'église souterraine, crypte immense, et l'église supérieure, qui remorque à son arrière-train une grande chapelle du nom de Saint-Pyat; il y a quatre mille figures en pierre et cinq mille en verre à nommer et interpréter.

En présence d'objets si nombreux, j'ai dû me limiter pour cette année-ci, et pourvoir à la besogne des années suivantes; car le travail graphique durera dix ans peut-être, et la description devra marcher de pair avec les dessins.

J'avais à choisir entre la description de l'architecture, celle de la sculpture et celle de la peinture. Naturellement j'aurais dû commencer par l'architecture dont les deux autres arts ne sont que l'accessoire et l'ornement; en blason, on commence par nommer le champ, avant que d'appeler les pièces qui le sèment et le décorent. Mais les dimensions d'un monument font dans une description architecturale l'objet d'un premier et principal chapitre; la forme même d'un édifice est subordonnée à ses proportions. Or, vu les dessins exécutés par M. Lassus, il m'était impossible de rédiger cette partie importante; car cet architecte n'a mesuré que le portail occidental. Le reste de l'église, les portails latéraux, la crypte, ne sont et ne pouvaient être encore relevés. Il m'a donc fallu ajourner l'architecture et la réserver pour la fin du travail.

Restaient la peinture et la sculpture. Je me suis attaqué à cette dernière de préférence, parce qu'à Chartres elle est à la peinture ce que le titre d'un chapitre est au chapitre même : la sculpture est le sommaire ou l'argument des vitraux. Ainsi, la peinture comme la sculpture parlent de saint Eustache, de Thomas Becket, de saint Remi; mais la seconde ne raconte que le fait principal de leur vie : le martyre de saint Eustache, l'assassinat de Becket, le baptême de Clovis; tandis que la première peint la vie entière, de la naissance à la mort. J'ai donc cru utile de faire connaître le texte avant d'étaler le commentaire; j'ai voulu ouvrir tout simplement une perspective sur les belles et nombreuses légendes qui font de Notre-Dame de Chartres le musée le plus complet de la mythologie chrétienne, avant de pénétrer dans les détails de cette poésie ravissante et à peu près inconnue. D'ailleurs, comme la sculpture est à l'extérieur de la cathédrale et la peinture à l'intérieur, je n'étais pas fâché de commencer par ce qui frappe d'abord les yeux; ordinairement on aime à étudier un monument dans l'ordre où on le voit.

Enfin la sculpture est encore de l'architecture en quelque sorte, et puisque je ne pouvais donner cette dernière, je devais au moins me prendre à ce qui y ressemble davantage.

Ici encore il a fallu me restreindre; car la sculpture se divise en deux parties distinctes : en statuaire et ornementation. L'ornementation est le cadre du tableau où la statuaire pose ses figures ; et ce cadre, dans l'art chrétien surtout, n'a pas moins d'importance que le tableau lui-même. J'ai donc réservé pour l'année prochaine toute l'ornementation sculpturale et les questions qu'elle soulèvera. Ces questions seront nombreuses, car c'est sur l'ornementation que de tout temps se sont exercés les mystiques et les allégoriseurs; et c'est avec l'ornementation que j'essaierai d'esquisser la flore et la zoologie gothiques à l'aide d'un naturaliste intelligent qui aura étudié les plantes par les feuilles plutôt que par les fleurs, et les animaux par leur structure plutôt tératologique que normale.

A elle seule la satuaire me fournissait ample matière pour mon travail de cette année ; car, après quatre ans d'études sur la cathédrale de Chartres, à diverses reprises, je viens encore de passer deux mois dans cette ville, uniquement à prendre des notes sur la statuaire de sa Notre-Dame. Il suffira de vous dire, Monsieur le Ministre, que cette statuaire se compose de dix-huit cent quatorze figures hautes de huit pieds à huit pouces. Je ne décrirai que les statues du dehors, parce qu'elles font un ensemble complet à elles seules ; les statues de l'intérieur, de la clôture du chœur principalement, formeront, avec l'ornementation de toute l'église, un autre ensemble qui ne donnera pas moins de deux mille figures. Pardonnez-moi la comparaison : je donne l'*Iliade* cette année, je ferai l'*Odyssée* l'année prochaine.

C'est qu'en effet ces dix-huit cent quatorze figures s'ordonnent d'une façon merveilleuse; elles forment un poème dont chaque statue équivaut à un vers, à une strophe, à une tirade ; un poème dont la compréhension est plus vaste que celle de l'*Iliade* ou de l'*Énéide*, que celle même de la *Divine Comédie*; puisqu'elle embrasse l'histoire religieuse de l'univers depuis sa naissance jusqu'à sa mort, et que la *Divine Comédie* n'est qu'un petit épisode, l'épisode final de l'épopée sculptée à Chartres.

Permettez-moi de m'arrêter un instant ici, et de déclarer par des faits combien est injuste l'accusation de fantaisie, de libertinage esthétique portée contre l'art gothique. Aucun art, pas même le grec, n'est plus discipliné que notre art national, cet art qui a mis en pratique la loi des unités bien plus despotiquement que les autres arts venus avant et après lui ; car l'unité, dans la plastique chrétienne, est morale et matérielle tout à la fois.

Ainsi, à Chartres, ce poëme en quatre chants, ou, pour mieux dire, ce cycle épique en quatre branches, s'ouvre par la création du monde à laquelle sont consacrés trente-six tableaux et soixante-quinze statues, depuis le moment où Dieu sort de son repos pour créer le ciel et la terre, jusqu'à celui où Adam et Ève, coupables de désobéissance, sont chassés du Paradis terrestre et achèvent leur vie dans les larmes et le travail. Sur le tronc épique, c'est la première branche qui porte la cosmogonie biblique, la Genèse des êtres bruts, des êtres organisés, des êtres vivans, des êtres raisonnables, et aboutit au plus terrible dénouement, à la malédiction de l'homme par Dieu.

Mais cet homme qui a péché dans Adam et qui, dans lui, est condamné aux douleurs du corps et à la mort de l'ame, peut se racheter par le travail. En les chassant du Paradis, Dieu eut pitié de nos premiers parens, et leur donna des habits de peau en leur apprenant la manière d'en user. De là le sculpteur chrétien prit occasion d'apprendre aux Beaucerons la manière de travailler des bras et de la tête ; et, à droite de la chute d'Adam, sculpta sous leurs yeux et pour leur perpétuelle instruction, un calendrier de pierre avec tous les travaux de la campagne, un catéchisme industriel avec les travaux de la ville, et pour les occupations intellectuelles, un manuel des arts libéraux personnifiés dans un philosophe, un géomètre, un magicien, etc.; le tout en cent trois figures. Tel est le second chant qui fait passer sous les yeux la représentation historique et allégorique à la fois de l'industrie agricole et manufacturière, du commerce et de l'art.

Il ne suffit pas que l'homme travaille, il faut encore qu'il fasse un bon usage de sa force musculaire et de sa capacité intellectuelle ; il faut qu'il emploie convenablement les facultés que Dieu lui a réparties, les richesses qu'il a acquises par son travail. Il ne suffit pas de marcher, il faut marcher droit; il ne suffit pas d'agir, il faut agir bien, il faut être vertueux. Dès lors, la religion a dû clouer aux porches de Notre-Dame de Chartres cent quarante-huit statues représentant toutes les vertus qu'il faut embrasser, tous les vices qu'il faut terrasser. Comme l'homme vit pour Dieu, pour la société, pour la famille et lui-même, les quatre ordres de vertus théologales, politiques, domestiques et intimes y sont représentés dans les différens cordons des voussures. C'est le troisième chant.

Maintenant que l'homme est créé, qu'il sait travailler et se conduire, que d'une main il prend le travail pour appui et de l'autre la vertu pour guide, il peut aller sans crainte de gauchir, il peut vivre et faire son histoire; il arrivera au but à point nommé. Il va donc reprendre sa carrière de la création au jugement dernier, comme le soleil sa course d'orient en occident. Le reste de la statuaire sera donc destiné à représenter l'histoire du monde, depuis Adam et Ève que nous avons laissés bêchant et filant hors du Paradis, jusqu'à la fin des siècles. En effet, le sculpteur inspiré a deviné, les prophètes et l'*Apocalypse* en main, ce qui adviendrait de l'humanité bien après que lui, pauvre homme, n'existerait plus. Il ne fallait pas moins que les quatorze cent quatre-vingt-huit statues qui nous restent encore pour figurer cette histoire qui comprend tant de siècles et tant d'hommes. C'est le quatrième et dernier chant.

Cette statuaire est donc bien, dans toute l'ampleur du mot, l'image ou le miroir de l'univers, comme on disait au moyen âge : l'image de la nature brute et organisée dans le premier chant, dans le second de la science, de la morale dans le troisième, dans le quatrième de l'homme, et dans le tout enfin du monde entier. Telle est la charpente intellectuelle du poème, son plan, son unité morale ; en voici maintenant l'unité matérielle, la disposition physique.

L'histoire religieuse, pour un chrétien, se compose de deux périodes tranchées : de celle qui précède Jésus-Christ, et qui est occupée par le peuple hébreu, le peuple de Dieu ; de celle qui suit Jésus-Christ et que remplissent les nations chrétiennes. Il y a la Bible et l'Évangile. Comme dans la société, les Juifs ne se mêlaient pas aux chrétiens; comme au treizième siècle, l'Ancien Testament, figuré par des tables à sommet arrondi, était différent du ....veau Testament, livre carré à sommet plat, de même Notre-Dame de Chartres a séparé matériellement l'histoire du peuple juif de l'histoire du peuple chrétien, en interposant toute la largeur de l'église et, plus encore, toute la longueur de la croisée. Au porche du nord, elle a placé les personnages de l'Ancien Testament, depuis la création du monde jusqu'à la mort de la Vierge ; et au porche du midi.

ceux du Nouveau, depuis le moment où Jésus-Christ dit à ses apôtres qui l'entourent : *Allez, enseignez et baptisez les nations !* jusques et y compris le jugement dernier. Sur des vitraux du treizième siècle, sur des sculptures du quatorzième, on voit Jésus-Christ trônant sur les nuages, le dos contre un arc-en-ciel, ayant à sa gauche les tables de Moïse sur l'arche d'alliance, et à sa droite, sur un autel, le livre de ses apôtres. De tout temps, en effet, la Bible a tenu la gauche et l'Évangile la droite. Cela devait être, car les chrétiens regardent la Bible comme le piédestal de l'Évangile. La Bible est le portrait dont l'Évangile est le futur modèle ; l'Évangile est la réalité dont l'Ancien Testament n'est que la métaphore et l'écho prophétique. Or, de tout temps, même encore aujourd'hui, dans les usages civils comme dans les cérémonies religieuses, la gauche est subordonnée à la droite ; on cède la droite à ceux qu'on veut honorer.

Voilà dans quel ordre sont disposées ces dix-huit cent quatorze statues. Il n'y en a que deux dont je ne puis encore justifier suffisamment la place ; mais toutes les autres, sans exception, sont à leur rang aussi bien qu'un soldat dans une armée. Je parle de dix-huit cent quatorze statues, je devrais dire quatre mille ; car celles de l'ornementation sont distribuées comme celles du tableau : ce sont des allégories, des métaphores sculptées qui redonnent sous un sens voilé et figuré les faits que les personnages viennent de nous offrir sous le sens réel et historique. C'est un second poème qui côtoie, ou, pour mieux dire, qui double le premier. J'ai dit quatre mille statues, j'aurais dû dire neuf mille figures, en ajoutant les cinq mille des vitraux ; car, je l'ai annoncé, les vitraux ne sont que le commentaire ou la répétition de la statuaire.

Cet ordre, comme je le disais à l'ouverture du cours que vous m'avez autorisé à professer à la Bibliothèque royale, est le plus beau, le plus *un* qu'on ait jamais imaginé ; c'est celui d'après lequel est tracée et exécutée la vaste encyclopédie de Vincent de Beauvais, dont le cadre est aussi supérieur à celui du chancelier Bacon, de d'Alembert, de Diderot, même à celui du grand physicien Ampère qui a surpassé ses devanciers, que la cathédrale de Chartres est supérieure à une pauvre église de village. Cependant cette encyclopédie admirable est restée à peu près inconnue jusqu'à présent, malgré un très remarquable travail de M. Daunou, inséré dans le tome XVIII de l'*Histoire littéraire de la France.* L'illustration de pierre que lui a faite Notre-Dame de Chartres est peut-être destinée à la mettre en lumière.

Ce sont donc ces dix-huit cent quatorze statues que j'ai entrepris de décrire cette année. Le travail vous sera soumis, Monsieur le Ministre, et sera présenté au Comité des arts et monumens vers le printemps ; car toutes les notes sont prises et la rédaction commencée. Toutes les statues seront décrites une à une, dans le plus grand détail ; je n'en laisserai pas passer une seule sans que je n'épuise, chemin faisant, toutes les questions archéologiques, æsthétiques, historiques, morales, auxquelles elle pourra donner lieu. Je ferai comme un botaniste qui parcourt une prairie et qui s'arrête à chaque pas pour cueillir une fleur, l'anatomiser, la nommer, la classer et résoudre tous les problèmes qu'elle peut soulever.

Dans ce rapport, je ne puis vous énumérer les résultats, nombreux certainement, auxquels donnera lieu ce travail sur la statuaire de Chartres. Cependant je ne saurais m'empêcher de vous en signaler un tout au moins. Ce résultat soulèvera des rumeurs archéologiques, sans aucun doute ; mais déjà je l'avais laissé pressentir dans mon cours, et la suite du travail sur Chartres le confirmera pleinement, j'espère. C'est que, dans les cathédrales de France, il n'existe pas aux portails une statue qu'on puisse réellement appeler historique dans le sens rigoureux, et surtout civil et national du mot ; c'est que, pour prendre un exemple saisissant, dans ces galeries de rois qu'on voyait à Notre-Dame de Paris avant la révolution, et qu'on voit encore à Reims, Amiens et Chartres, ne s'alignent pas des rois de France, mais des rois juifs. Il n'y a là ni Pharamond, ni Philippe-Auguste, ni saint Louis ; mais bien David, Salomon et Josaphat. J'en suis fâché pour Montfaucon et ses *Monumens de la monarchie française,* j'en suis contrarié pour les statues gothiques du musée de Versailles ; mais Clotaire, Clovis, Louis-le-Débonnaire, Charlemagne, Blanche de Castille ou la reine Pédauque, ou Berthe-aux-Grands-Pieds, des portails de Corbeil, Saint-Germain-des-Prés, Saint-Maurice d'Angers, Notre-Dame de Chartres, Notre-Dame d'Amiens, doivent quitter les noms qu'ils ont volés sous le compérage des bénédictins et redevenir, comme auparavant : Michol, la femme de David ; Bethsabée, la mère de Salomon ; la reine de Saba ; les rois Osias, Manassé, Roboam, Jéchonias. Il y a des exceptions à ce que j'avance, mais en très petit nombre, et fournies seulement par certaines statues qu'on voit à

Reims, dans la cathédrale, monument tout royal et qui devait différer des autres. En général, sur les cathédrales, les statues sont religieuses, figurant des personnages de l'Ancien et du Nouveau Testament, comme du reste le bon sens l'indique à *priori*, et non des statues civiles et de notre histoire nationale. Donc, il faut le dire sans peur, les bénédictins et Sauval se sont trompés en déclarant que des rois de France peuplaient la galerie royale de Notre-Dame de Paris; donc, il est heureux, pour nous autres antiquaires surtout, que Napoléon n'ait pas exécuté son intention de placer tous nos rois francs et français en sentinelles dans cette galerie.

Plus mon assertion est hardie, plus j'aurai à cœur de la démontrer par des preuves de toute nature, par des faits, par des textes, par des inscriptions gravées ou peintes sur ces rois et autour d'eux, par les attributs caractéristiques, par des vitraux à légendes, par des analogies diverses. Le travail sur la cathédrale de Chartres ne laissera aucun doute, j'espère. En tout cas, j'affirme d'avance, par ce que j'ai des inscriptions qu'on n'a pas vues ou des faits qu'on a ignorés, que le prétendu Fulbert, évêque de Chartres, qui se dresse au portail du sud, les pieds sur une église que des flammes entourent, n'est autre que le pape saint Clément posé sur une église environnée d'eau. La mitre de ce Fulbert est une tiare; la statue est nimbée, et Fulbert n'est pas saint; enfin les flammes sont des flots. J'affirme que la statue du même portail, dite d'Eudes, comte de Chartres, est de saint Georges, chevalier cappadocien ; car elle est nimbée; car son martyre est représenté sur la console où elle pose les pieds; car, sur un vitrail de la grande nef, le même chevalier, équipé comme cette statue et martyrisé comme elle, porte écrit en lettres du treizième siècle : *S. Giorgius.* Il en est ainsi de toutes les autres statues, surtout de celles du prétendu Pierre Mauclerc et d'Alix sa femme. Il est malheureux que l'archéologie arrive après 1793 seulement à démontrer que les rois de Notre-Dame de Paris n'étaient pas des rois *liberticides* de France, mais des rois inoffensifs du peuple juif. Les révolutionnaires ne les auraient peut-être pas renversés de leur galerie, ni pulvérisés sur les pavés, s'ils avaient su à quels personnages ils s'en prenaient. La mauvaise archéologie nous a fait beaucoup de mal; pour ce fait, les antiquaires contemporains doivent en vouloir aux bénédictins.

Un autre fait auquel on devait peu s'attendre, c'est que parmi les Vertus politiques sculptées sur le portail du nord, il en est plusieurs qu'on s'étonne d'y voir. Ces Vertus, personnifiées dans des reines fières de tournure, vertes d'âge, portent un bouclier sur lequel s'enlève en relief un attribut qui les caractérise. Ainsi, la Concorde montre quatre colombes qui vivent en paix et en amour; la Vitesse, trois flèches qui sifflent en abîme. Eh bien! parmi ces Vertus, brille la Liberté. Le mot y est : *Libertas*. Deviné d'abord par M. Lassus, épelé ensuite par lui, avec le secours d'une longue échelle, ce mot a été lu parfaitement par moi, au moyen d'une excellente lunette; il vient enfin d'être dessiné à la chambre claire par M. Paul Durand, estampé avec la terre glaise et moulé en plâtre. Cette Liberté est une forte femme, âgée de vingt-cinq à trente ans, se cambrant avec fierté à quarante pieds au dessus du sol, creusant la hanche gauche pour arrondir et faire saillir la droite. Vêtue d'une longue robe et d'un manteau retenu sur les épaules au moyen d'une cordelette, cette mâle Vertu tenait de la main droite, la main puissante, ou une pique ou un glaive qui est cassé, et de la gauche un écusson dont le champ porte deux couronnes royales. C'est donc bien la Liberté politique, la Liberté communale peut-être, la Liberté octroyée par les rois aux bourgeois de Chartres. Par la place d'honneur qu'elle occupe, cette Liberté triomphante est la seconde en rang ; fille de la Vertu par excellence et qui est personnifiée dans une femme qui se dresse sur un rosier parsemé de roses épanouies et en boutons, elle est à son tour la mère des douze autres Vertus qui marchent après elle , comme de petits enfans derrière une aïeule. Cette précieuse statue sera dessinée l'année prochaine par M. Amaury-Duval, avec la rigueur des lignes et la fierté des contours qu'affectionne l'école de M. Ingres, dont il est un des élèves les plus distingués.

Cette description de la statuaire formera un demi-volume in-4°; le second demi-volume renfermera, avec toute l'ornementation sculptée, la statuaire intérieure, et ne sera prêt que l'année prochaine. Il me faudra quatre années, en outre, pour terminer tout mon travail de description : deux pour la peinture sur verre et la peinture à fresque, deux pour l'architecture de la crypte et de la cathédrale supérieure. Le volume d'architecture sera clos par des faits relatifs à la condition sociale, politique et domestique des artistes chrétiens; et par des considérations sur les signes gravés dans la pierre par les appareilleurs et les tâcherons. J'avais découvert ces signes dans l'Auvergne et la Provence , je les ai retrouvés au Palais de Justice de Paris, et je viens de les constater au clocher vieux de Chartres. Ces considérations, appuyées du nom de *Rogerus*, qu'on lit en caractères du douzième siècle au portail occidental de Chartres; de *Robin*, que j'ai trouvé en caractères du treizième au porche du nord; de *Jehan de Beauce*, qu'on voit en lettres du seizième siècle au clocher neuf; appuyées de la personnification de l'architecture peinte sur verre sous la forme d'une femme, dans la chapelle Saint-Pyat, et sculptée au porche du nord sous la figure d'un homme, pourront aider à la solution des problèmes nombreux et obscurs qu'on peut poser sur cette matière. Puis viendront en aide les instrumens des architectes, des tailleurs de pierre et des appareilleurs qu'on voit au porche du nord et sur les vitraux de l'apside; puis la figure des architectes, des tailleurs de pierre et des sculpteurs qui sont peints sur trois verrières du rond-point; puis les dessins palimpsestes du XIII* siècle, découverts il y a trois mois dans un nécrologe de Reims, et les textes épars dans les agiographes, les Bollandistes principalement, sur les artistes chrétiens.

Ce que je viens de dire n'a trait qu'à mon travail; mais je n'étais pas seul à Chartres : M. Amaury-Duval, chargé des figures, M. Lassus, chargé des dessins d'ornementation et d'architecture, se sont, comme je l'ai fait, acharnés pendant deux mois à la cathédrale. M. Amaury-Duval a dessiné vingt-et-une statues et statuettes à l'énorme échelle de seize centimètres pour mètre; et à celle de douze, les cinquante-sept qui remplissent le tympan et la voussure de la porte centrale du portail royal. Déjà, l'année dernière, M. Amaury-Duval avait dessiné treize statues; en sorte qu'on a déjà la somme de quatre-vingt-onze figures et figurines prêtes pour la lithographie, et qui seront exposées au prochain salon. Pour arriver à ce résultat, il a fallu braver bien des fois le vent qui, toute l'année et toute la journée, gronde au portail royal, qui fouette assez souvent la pluie et souffle toujours le froid.

Quant à M. Lassus, avec le secours de MM. Cerveau et Suréda, ses aides, il pourra exposer au salon prochain tout le grand portail occidental flanqué des porches latéraux. C'est un dessin de huit pieds de haut sur quatre de large. Chaque ligne, d'une exactitude rigoureuse et mathématique, a été fournie par deux cent deux minutes cotées et vérifiées à plusieurs reprises, et qu'il a été souvent dangereux d'aller chercher à l'aide d'une corde à nœuds; car il a fallu escalader plusieurs fois le portail pour rapporter une cote incertaine ou un profil oublié. Je dois, Monsieur le Ministre, appeler votre intérêt sur les aides de M. Lassus. La ville de Chartres peut témoigner que ces deux jeunes gens ont réellement montré pour la science, sur la cathédrale de Chartres, le courage que déploient des soldats sur un champ de bataille. Dix plans des clochers pris à diverses hauteurs, tous les détails d'ornementation et de moulures à seize centimètres pour mètre, exposés avec la façade, témoigneront de la rigueur apportée dans le travail. Outre ce grand dessin de la façade occidentale, M. Lassus exposera deux *fac-simile* de vitraux, dont l'un, remarqué au salon de 1836, sera réexposé en gravure réduite et coloriée. Il représente dans le plus grand détail les curieuses aventures de l'Enfant prodigue. Sur l'autre, qui se calque en ce moment, est peinte la légende de saint Eustache, une des plus belles qu'ait inventée l'imagination des chrétiens de l'Orient.

Ainsi, le spécimen de la monographie archéologique de Chartres, qui pourra paraître prochainement, se composera de quatre-vingt-onze figures des douzième, treizième, quatorzième et seizième siècles; de deux grandes verrières du treizième; de plusieurs plans, de diverses feuilles de profils et d'ornementation, et d'un immense dessin d'architecture qui, à lui seul, donnera des échantillons considérables de tous les styles du douzième au seizième siècle. En effet, la façade presque entière et le vieux clocher sont du douzième; le clocher neuf appartient au seizième, gothique; tandis qu'au seizième, en style de la renaissance, a été construit un charmant bâtiment où est logée l'horloge; les porches et le haut de la façade occidentale datent du treizième; au quatorzième, on a élevé la sacristie dont on verra tout un côté. Enfin un demi-volume de description expliquera les quatre-vingt-onze figures dessinées déjà, et donnera l'avant-goût de celles qui restent à faire.

Voilà le résultat de nos travaux pendant deux mois. Mais à nous trois nous ne donnons que la description littéraire et graphique de ce beau monument de la France, nous n'en montrons que le squelette, et le squelette dans son état actuel. C'est à vous, Monsieur le Ministre, qui vous êtes réservé d'écrire l'histoire de la cathédrale de Chartres, de donner l'âme à ces pierres; de dire qui les a fait sortir brutes des entrailles de la terre pour les élever vivantes dans l'air; de raconter les vicissitudes qu'elles ont subies, les événemens dont elles ont été les témoins, les faits historiques qu'elles ont abrités. L'histoire dira le sacre de Henri IV, par exemple, le bal démocratique donné à la révolution, dans la cathédrale, par les inspirations du conventionnel Sergent-Marceau dit *Deux-Septembre;* le bonnet rouge qui coiffa la tête en marbre, l'écharpe tricolore qui serra la taille de la fameuse et laide vierge sculptée par Bridan, et qui déshonore le sanctuaire aujourd'hui encore de sa virginité douteuse. C'est à vous de peindre les incendies qui, à diverses reprises, ont ravagé cette noble cathédrale ; le dernier, aux désastres duquel on remédie en ce moment, n'est pas le moins pittoresque. Nous faisons l'anatomie de ce gigantesque *sujet* archéologique, vous en écrirez la physiologie ; nous modelons la statue, vous lui soufflerez la vie. Je l'ai dit ailleurs, cette œuvre ainsi conçue, ainsi partagée, surpassera la description de la cathédrale de Cologne par M. Boisserée, le plus beau travail archéologique que l'on ait encore exécuté. L'édifice de Cologne, beaucoup trop vanté à mon avis, ne sera plus qu'une chapelle devant Notre-Dame de Chartres.

En finissant, je remercierai, au nom de mes collaborateurs et au mien, M. le préfet d'Eure-et-Loir, de l'accueil obligeant que nous en avons reçu ; personnellement je témoignerai ma vive gratitude à M. Ad. Chasles, maire et député, et à MM. les bibliothécaires de Chartres, qui m'ont confié deux manuscrits précieux pour mon travail.

J'ai l'honneur d'être avec respect, Monsieur le Ministre, votre très humble et très obéissant serviteur,

DIDRÓN,

Secrétaire du comité des arts et monumens.

Paris, le 17 novembre 1838.

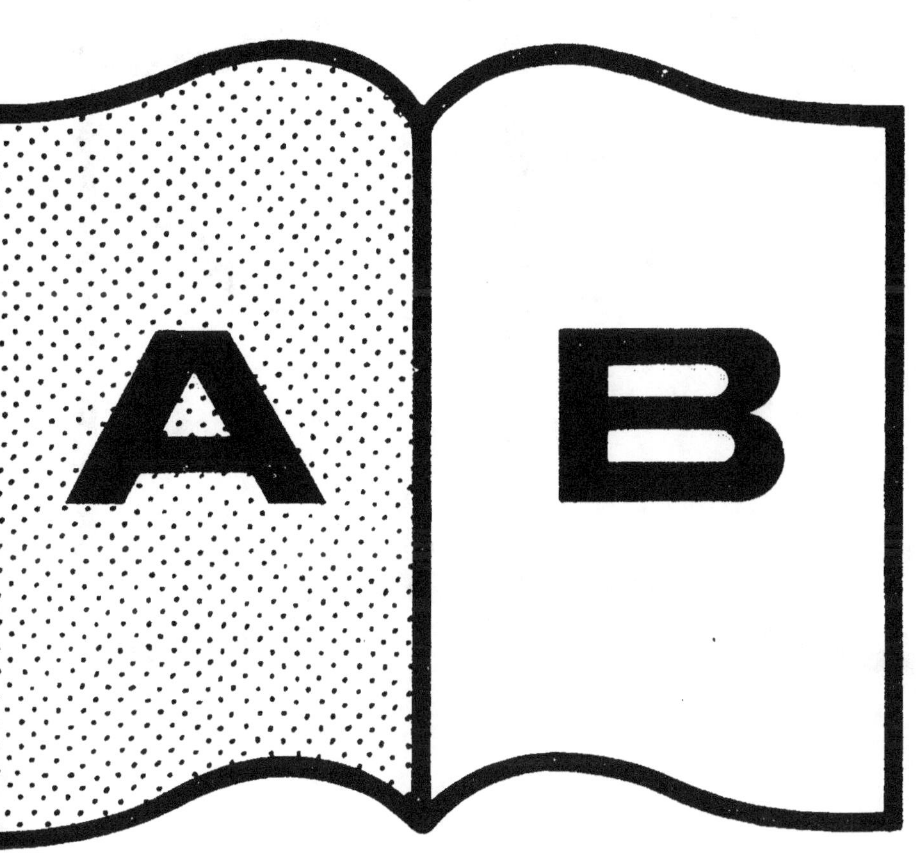

Contraste insuffisant

NF Z 43-120-14

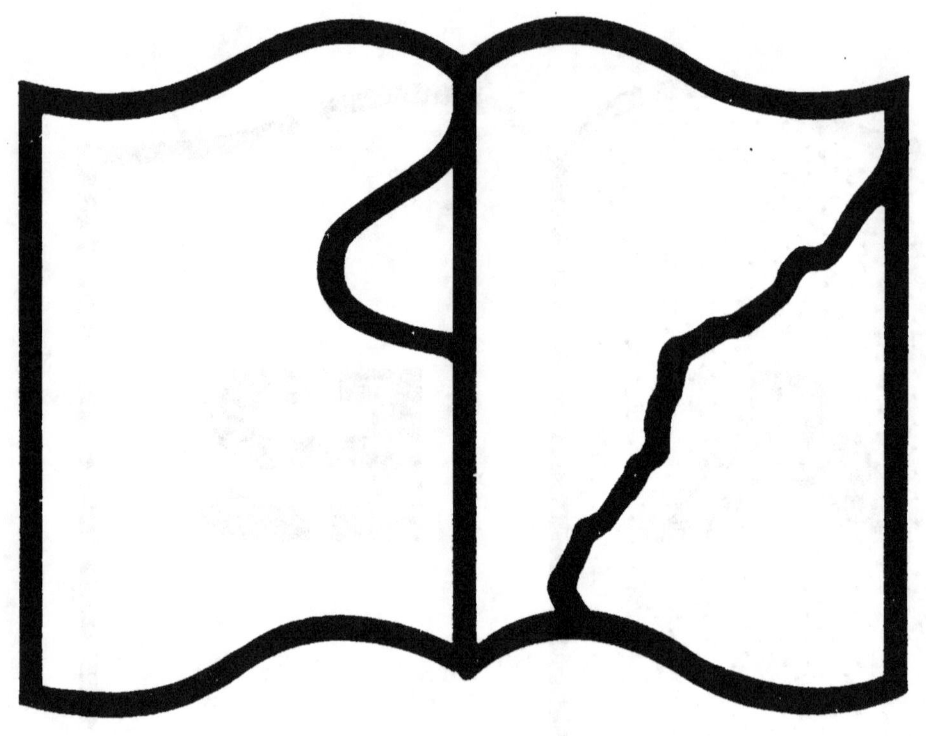

Texte détérioré — reliure défectueuse

NF Z 43-120-11